AF264093

ALBUM DRAMATIQUE.

Recueil de Pièces Nouvelles Jouées sur tous les Théâtres de Paris.

THÉATRE DES FOLIES-DRAMATIQUES.

À COUPS DE BATON

COMÉDIE EN UN ACTE MÊLÉE DE CHANT,

DE M. PAUL BOISSELOT.

PRIX : **20** CENTIMES.

Paris.

Au Magasin des Pièces de Théâtres anciennes et nouvelles,

CHEZ MIFLIEZ, LIBRAIRE-ÉDITEUR, PASSAGE VENDOME, 19.

TRESSE, successeur de BARBA, Palais-Royal, galerie de Chartres, 2 et 3.

1854.

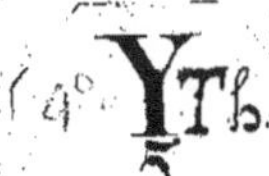

A COUPS DE BATON

COMÉDIE EN UN ACTE MÊLÉE DE CHANT,

DE M. PAUL BOISSELOT,

Représentée pour la première fois, à Paris, sur le théâtre des Folies-Dramatiques,
le 14 Novembre 1854.

Personnages.	Acteurs.
LE MARQUIS DE CHAVANNES....................................	MM. Manuel.
LE COMTE DE LUGEAC...	Calvin.
FINOT, valet du Marquis..	Ernest-Vavasseur.
LA MARQUISE DE CHAVANNES...............................	Mme Émeriau.

Petit Salon Louis XV; porte au fond; portes latérales; à gauche, guéridon, chaises; à droite, cheminée, chaises, fauteuils, canapé, etc. — La scène se passe en 1750.

SCÈNE PREMIÈRE.

FINOT, endormi dans un fauteuil; LUGEAC.

LUGEAC, entrant. Où diantre se cache mon coquin de Finot?... (L'apercevant.) Eh! pardieu, c'est lui que j'aperçois étalé dans ce fauteuil. (Lui frappant sur l'épaule.) Holà! maître Finot, nous croyons-nous revenu aux saturnales?

FINOT, s'éveillant. Oh! que c'est bête, ça..... Oh! pardon, Monsieur le comte, je croyais que... Monsieur le comte va bien?

LUGEAC. Est-ce que le marquis de Chavannes t'a pris à son service pour faire ainsi la grasse matinée dans ses fauteuils, et laisser ses amis à la porte?

FINOT. Encore une fois, pardon, Monsieur; mais vous savez qu'en valet fidèle, je me règle aveuglement sur mon maître; or, ce matin, il est mal disposé; il dort et n'est pas visible.

LUGEAC, lui tirant l'oreille. En sorte que Monsieur Finot est mal disposé... dort... et n'est pas visible.

FINOT. Excepté pour vous, Monsieur le comte... Oh! pour vous!...

LUGEAC. Et qu'a-t-il donc, ce pauvre Chavannes?... Est-ce que sa santé?...

FINOT. Ma foi, j'en ai peur.

Air : Ah! si Madame me voyait.

Monsieur ne se porte pas bien;
Hier, il est rentré maussade;
Il se disait même malade,
Ce qu'il avait, je n'en sais rien,
Mais il ne se porte pas bien.
Il ne veut pas que sa femme parvienne
Jusqu'à lui!... je n'y comprends rien;
Il a sa chambre; elle, la sienne!...
Monsieur ne se porte pas bien. *Bis.*

LUGEAC. Quelque malaise... Au reste, ce n'est pas à lui que je veux parler, c'est à sa femme. Madame la marquise est visible, j'espère?

FINOT. Je vais voir, Monsieur; je le pense; pour vous, Madame y est toujours. Ah! si j'étais le marquis de Chavannes, je ne serais pas tranquille.

LUGEAC. Qu'est-ce à dire, maraud?... Oserais-tu supposer...

FINOT. Moi! supposer!... oh! que non pas, Monsieur le comte... Moi qui connais mieux que personne le sujet de vos fréquents entretiens avec Madame la marquise!... Puisqu'elle encourage votre amour pour Madame de Sailly, je suis parfaitement rassuré sur sa vertu. Je dis seulement que si j'étais Monsieur de Chavannes...

LUGEAC. Tu es bien bavard ce matin, et bien peu actif. Va m'annoncer!

FINOT. Tout de suite, Monsieur le comte (1)... Ah! à propos, j'ai joliment exécuté vos ordres hier soir.

LUGEAC. Mes ordres?

FINOT. Oui, oui, je vous garantis que le pauvre diable doit s'en ressentir aujourd'hui.

LUGEAC. Quel pauvre diable?

FINOT. A quoi bon faire le discret avec moi?

LUGEAC. Ah! ça, Monsieur l'officieux, tu ne dors plus, ce me semble, et tu m'as l'air de rê-

(1) Lugeac, Finot.

ver encore. Puisque tu prétends si bien exécuter mes ordres, prouve-le donc en m'annonçant tout de suite.

FINOT. J'y vais... (En s'en allant.) C'est égal, si j'étais Monsieur de Chavannes, je ne serais pas tranquille.

SCÈNE II.

LUGEAC, SEUL.

LUGEAC. Rustre !... Oh ! non, ce n'est pas la marquise que j'aime ; c'est à Fernande, à Madame de Sailly qu'appartient mon cœur.. Il est vrai qu'il fut un temps où l'une n'aurait pas empêché l'autre... mais cette fois, tout mon être est bouleversé. Gentilhomme par le titre, je suis devenu bourgeois par le cœur. Je n'aime qu'une femme et je suis timide, et j'accepte la protection d'un tiers... et tout cela... pour le bon motif, comme disent nos petites vilaines. C'est à confondre !

SCÈNE III.

LUGEAC, LA MARQUISE.

LA MARQUISE, en peignoir. Eh ! quoi, si matin, Monsieur de Lugeac ?

LUGEAC. En effet, Madame, veuillez excuser mon indiscrétion.

LA MARQUISE. À une condition : c'est que vous me pardonnerez mon négligé. Et quel motif si pressant ?...

LUGEAC. Ne le devinez-vous pas, Madame ? Et après la promesse que vous m'avez faite hier, ne concevez-vous pas mon impatience ?

LA MARQUISE, souriant. Ah ! c'est juste.

LUGEAC. Depuis que vous avez la bonté de vous intéresser à mon amour pour Madame de Sailly, mes craintes se sont déjà changées en espérances, et hier, vous m'avez promis de découvrir certain rival mystérieux qui semblait être le dernier obstacle à mon bonheur ; vous avez promis même d'écarter ce rival... La tâche était rude. Auriez-vous réussi ?

LA MARQUISE. Oh ! réussi... Enfin, il y a progrès. Ainsi que je vous l'avais annoncé, je suis allée hier soir chez Madame de Sailly. Comme il se faisait tard et que mon mari était sorti, je me suis fait accompagner de son valet de chambre Finot. Je me présente : « On ne peut voir Ma» dame, » me répond son grand laquais... que je ne peux pas souffrir, par parenthèse... — Annoncez-moi toujours, lui dis-je. Ce faquin ne se permet-il pas d'insister en me ricanant au nez ! Je soufflète l'insolent, et je vais droit à la chambre de sa maîtresse où j'entre sans frapper. Ah ! mon pauvre comte !... votre belle n'était pas seule ;.. un galant cavalier était à ses genoux, lui baisait la main...

LUGEAC. Et ce cavalier, c'était...

LA MARQUISE. Oh ! quant à cela, nul n'aurait eu le temps de distinguer ses traits ;... à peine avais-je fait un pas dans la chambre, qu'il s'était déjà précipité dans un couloir obscur

dont la porte était entr'ouverte. Seulement, il la referma avec tant de promptitude et de violence, que le bout de son épée s'y trouva pris et se brisa.

LUGEAC. Mais Fernande ?...

LA MARQUISE. Patience donc. Avant tout, j'ai voulu décider notre gentilhomme à ralentir ses fréquentes visites.

LUGEAC. Excellente idée ; mais comment ?

LA MARQUISE. Je demandai à la baronne la permission de donner un ordre à Finot, resté dans l'antichambre. Je vous donne en mille à deviner quel fut cet ordre.

LUGEAC. En mille !

LA MARQUISE. En mille !

LUGEAC. C'est donc bien extravagant... (Se reprenant.) extraordinaire.

LA MARQUISE. Oh ! extravagant n'est pas trop fort, car il ne s'agissait de rien moins que d'attendre le beau chevalier dans la ruelle où aboutit le couloir, et là, de lui octroyer une dizaine de coups de bâton... bien juste ce qu'il fallait pour que le malheureux ne restât pas sur la place. (Tous deux partent d'un éclat de rire.)

LUGEAC. Savez-vous que c'est là un expédient dangereux !

LA MARQUISE. Dangereux, c'est possible ; mais fort efficace, c'est certain.

AIR : Du Baiser au porteur.

Tous nos roués, si fous et si prodigues
Se changeraient promptement en Catons,
S'ils devaient voir leurs coupables intrigues
Se terminer par des coups de bâtons.
Que de progrès dus aux coups de bâtons !
Plus de licence à la honte attachée,
Plus de scandale et d'amour libertin :
La cour de France est la plus débauchée,
Elle serait la plus sage demain.

Seulement, j'ai cru convenable de faire croire à Finot que l'ordre venait de vous.

LUGEAC. Ah ! c'est donc cela que le drôle voulait me dire !

LA MARQUISE. Suivant ma recommandation, il s'est arrêté à temps, et son adversaire a pu se sauver, se souciant, je crois, fort peu d'y revenir. Quant à Madame de Sailly, elle m'a paru disposée le mieux du monde à votre égard ; l'homme aux coups de bâton est moins redoutable que nous ne le craignions d'abord, et maintenant votre succès est presque certain.

LUGEAC. Ah ! Madame, ma reconnaissance pourra-t-elle jamais égaler ?...

LA MARQUISE. Mon Dieu, Monsieur de Lugeac, je n'oserais mettre des conditions au soi-disant service que j'essaie de vous rendre. Cependant, si votre tante, Madame de Pompadour, voulait bien rappeler au roi que mon frère est toujours à la Bastille et brûle d'en sortir, je me croirais largement récompensée.

LUGEAC. Tout ce qui dépendra de moi, Madame, je le ferai. (On entend sonner.)

LA MARQUISE. Ah ! mon mari est levé ; j'ai une petite explication à lui demander ; je ne vous dis pas adieu.

LUGEAC. Pardon, c'est que...

LA MARQUISE. C'est que ?...

LUGEAC. Pensez-vous que je doive me présenter aujourd'hui chez Madame de Sailly?

LA MARQUISE. Je n'y vois pas de mal... Vous n'osez pas peut-être... Voulez-vous que je vous fournisse un prétexte... Venez, je vais lui adresser une invitation que vous lui porterez vous même de ma part.

LUGEAC. Que de bonté! (On sonne de nouveau.

LA MARQUISE. Mon mari s'impatiente; venez, venez. (Ils entrent à droite.)

SCÈNE IV.

CHAVANNES, en robe de chambre, une épée à la main.

Morbleu! répondra-t-on quand j'appelle? Est-ce parce que je suis malade qu'on n'est pas là quand je sonne?... Cette épée ne peut rester ainsi pourtant; je puis avoir besoin de sortir d'un moment à l'autre. (Il la pose sur le canapé et s'assied difficilement.) Ah! je me souviendrai de la soirée d'hier !... Mais patience... les forces ne tarderont pas à me revenir, et il faudra bien que je découvre le misérable... J'avais donc un rival! Peste, il n'y va pas de main morte, et voilà de quoi faire réfléchir sur les diverses phases de l'amour.

AIR : Ah! Sacrebleu. (Gardée à vue, Couder.)

Ah! palsambleu !
Ah! tête bleu !
Comme l'amour est agréable,
Quand, pour fêter ce petit dieu,
On trouve une maîtresse aimable.
Ah! palsembleu !
Ah! tête bleu !
En songeant aux moments d'ivresse,
Dont la beauté sait nous charmer,
Le cœur débordant de tendresse,
On veut aimer, toujours aimer.
Oui, palsambleu ! toujours aimer.

Mais sacrebleu!
Mais ventrebleu!
L'amour est bien désagréable,
Lorsqu'un jaloux se met du jeu
D'une façon si déplorable.
Ah! sacrebleu !
Ah! ventrebleu!
En songeant aux rivaux perfides
Qui pourraient bien nous assommer,
On tâte ses reins peu solides,
On veut alors ne plus aimer.
Non, sacrebleu! jamais aimer.

Par exemple, une chose me semble inexplicable : en voulant saisir mon homme à la gorge, je n'ai saisi qu'un bouton de son habit, lequel bouton m'est resté dans la main; et je ne songeais nullement à tirer de là un indice, quand ce matin, en retirant ce bouton de ma poche, (Il le prend.) j'y reconnais... quoi ?... mes armes ! Il vient d'une des livrées de ma maison ! Est-ce une ruse de mon ennemi inconnu qui se sera procuré l'habit d'un de mes laquais ?... Est-ce réellement un de mes drôles qui s'est prêté à cette intrigue ?... Il faut que tout cela s'éclaircisse... (Il sonne). On se lassera peut-être de me faire attendre.

SCÈNE V.

CHAVANNES, FINOT.

FINOT. Monsieur a sonné?

CHAVANNES. Trois fois!

FINOT. C'est bien ça que j'ai entendu, alors.

CHAVANNES. Comment, tu as... et tu arrives maintenant !

FINOT. Pas plus tard qu'hier, Monsieur le marquis conseillait de ne jamais se déranger pour qui que ce soit, quand on est près d'une jolie femme, ou à une bonne table.

CHAVANNES. Eh! bien ?

FINOT. Eh! bien, je déjeunais avec Lisette: les deux circonstances réunies ! J'ai pensé que Monsieur ne condamnerait pas aujourd'hui ses principes d'hier.

CHAVANNES. Ah ! ça, aurais-tu l'intention de te moquer de moi ! (Il va pour le prendre au collet, et remarque un bouton de moins sur son habit.) Que vois-je !... Ah! c'est toi !... Ah! traître !... ah! rustre !... (Il va pour le frapper, mais la douleur l'arrête.)

FINOT. Qu'est-ce qui vous prend donc, Monsieur ?

CHAVANNES. Tu es bien heureux que je sois encore si faible; ton audace ne serait pas restée impunie.

FINOT. Mon audace !

CHAVANNES. Reconnais-tu ce bouton ? (Il le lui montre.)

FINOT, regardant son habit. Tiens, c'est à moi! Et c'est pour cela que Monsieur se met si fort en colère... Mon Dieu, ce n'est rien du tout à recoudre... Lisette est encore à l'office.

CHAVANNES. Il ne s'agit pas de ça. Ce bouton t'a été arraché par un gentilhomme que tu as assommé hier soir.

FINOT. Bah ! Tiens, j'ai rien senti.

CHAVANNES. C'était donc toi, coquin?

FINOT, riant. Pardi !... Et le gentilhomme, qui donc que c'était ?

CHAVANNES. Qui donc que c'était ?... C'était moi.

FINOT, stupéfait. Vous !... Oh ! Monsieur le marquis, si j'avais su... Mais c'est pas ma faute.

AIR : Du Partage de la Richesse.

Il faisait nuit; comment vous reconnaître?
Nul moyen; mais réfléchissez un peu,
Vous comprendrez que sur la peau d'un maître,
Je n'oserais...

CHAVANNES.

Eh! qu'importe, morbleu !
Je te dirai ce que disait Turenne
A son valet, après un pareil tort :
Quand cette peau n'eût pas été la mienne,
Tu pouvais bien ne pas frapper si fort,
Tu pouvais bien frapper un peu moins fort (1).

FINOT. C'est ce que je ferai la prochaine fois, Monsieur.

CHAVANNES. Comment ! la prochaine fois.

FINOT. Si l'occasion se représente.

CHAVANNES. Trève de sottises. Avant de t'en aller...

FINOT. M'en aller !

CHAVANNES. Parbleu! ne vas-tu pas trou

(1) Finot, Chavannes.

ver surprenant que je te chasse? C'est encore te laisser quitte à bon marché. Avant de t'en aller, tu vas me dire qui t'avait donné l'ordre que tu as si fidèlement exécuté.

FINOT. Je ne sais s'il serait délicat de ma part?

CHAVANNES. Prends-garde, ta délicatesse commence à m'impatienter.

FINOT. Eh bien, Monsieur... (A part.) Je n'ai pas besoin de mêler sa femme là-dedans. (Haut.) C'est Monsieur de Lugeac qui m'a fait donner l'ordre....

CHAVANNES. Lugeac!... Ah! c'est Lugeac!..

FINOT. Vous savez? M. de Lugeac, votre ami,

CHAVANNES. Oui, oui... mon ami! mais amitié pour amitié... Finot, je vais te donner deux commissions à me faire. (Il s'assied et se dispose à écrire.) (1).

FINOT. Monsieur me reprend donc à son service?

CHAVANNES. Nous réglerons cela plus tard; tu vas te rendre chez M. de Lugeac...

FINOT. Est-ce qu'il est parti?

CHAVANNES. Comment, parti!

FINOT. C'est que s'il n'est pas parti, il est encore ici.

CHAVANNES. Ici! où donc?

FINOT. Dans l'appartement de Madame.

CHAVANNES, à lui-même. Qu'a-t-il donc de si important à dire à ma femme chaque fois qu'il vient?... (A Finot.) Alors, tu vas tout simplement porter la lettre que je vais écrire... (Saisi d'une douleur au bras.) ou plutôt que je vais te dicter; car tu m'as cassé le bras droit, misérable!

FINOT. Monsieur, avec une légère friction... (Il s'assied pour écrire.)

CHAVANNES. Allons, écris: (Dictant). « Mon » cher M. de Sartines, je me soucie fort peu de » la Bastille, et cependant j'ai une affaire d'honneur qui ne peut se passer en conversation : » hier soir, comme je sortais de chez une dame, » qui, je vous le jure, ne dépend de qui que » ce soit, je fus subitement attaqué par un coquin...»

FINOT. Un coquin!... Le mot est bien dur.

CHAVANNES. Un effronté coquin;.. et étourdi » par cinq ou six coups de bâton... »

FINOT. Voyez un peu! On m'en avait commandé une dizaine.

CHAVANNES. Te tairas-tu!... « Infâme guet- » apens, auquel je ne pus me soustraire que » par la fuite. Je connais aujourd'hui l'auteur » de cette prouesse, c'est un gentilhomme, et je » sollicite de votre justice l'autorisation de me » battre avec lui sans l'intervention de la Bas- » tille. Agréez, etc. » (Il signe.) Tu vas porter immédiatement ce billet à Monsieur le lieutenant de police, et tu attendras la réponse.

FINOT. Ainsi donc, M. le marquis veut bien oublier?..

CHAVANNES. Je n'oublie rien... Je t'ai dit que nous réglerions cela plus tard... Va toujours où je t'envoie.

AIR : Charmante bergerette. (Prima dona.)

A te voir pardonné
Tu ne dois pas t'attendre ;
J'espère bien te rendre
Ce que tu m'as donné.

(1) Chavannes, Finot.

J'y songerai,
Et bientôt, je le jure,
Que je paierai
Ma dette avec usure.

FINOT.

Ah! sans regret,
Je vous donne quittance
De ma créance,
Y compris l'intérêt.

ENSEMBLE.

A me voir pardonné
Ne puis-je donc m'attendre?
Et voudrez-vous me rendre
Ce que je vous donnai.

CHAVANNES.

A te voir... etc.

(Finot sort.)

SCÈNE VI.

CHAVANNES, seul. Je ne doute pas que M. de Sartines ne fasse justice à ma demande. Maintenant, nous disons que Lugeac est là, chez ma femme Pourtant, cette bastonnade prouve clairement qu'il fait la cour à Mme de Sailly. Monsieur le chasseur courrait donc deux lièvres à la fois!... Certes, j'ai la plus grande confiance dans la marquise, mais je vous surveillerai, mon beau rival !

AIR : De Turenne.

C'est d'une audace un peu trop cavalière ;
Eh ! quoi, cher comte, il ne vous suffit pas
De me rosser de la belle manière,
Il faut encor, portant ici vos pas,
Me convoiter ma femme et ses appas !
Pour vous ravir une telle conquête,
Je ferai tout... et cela se conçoit ,
Attaquez-vous aux bras, aux jambes, soit ;
Mais ne touchez pas à la tête,
Pour le moins, respectez la tête.

SCÈNE VII.

CHAVANNES, LUGEAC.

LUGEAC, à la cantonnade. Merci, Madame... Je n'oublierai jamais ce que vous faites pour moi.

CHAVANNES, à lui-même. Me voilà déjà certain qu'elle fait quelque chose pour lui.

LUGEAC. Tiens! c'est toi, marquis? Comment vas-tu?

CHAVANNES. Mieux qu'on ne s'y attendait, je crois.

LUGEAC. Comment cela?

CHAVANNES. Je sais tout.

LUGEAC. Tout quoi?

CHAVANNES. Je ne ris pas ; je sais ce que tu as fait hier.

LUGEAC. Hier !

CHAVANNES. J'attends de M. de Sartines une réponse qui va me permettre de t'en demander raison.

LUGEAC. Mais raison de quoi?

CHAVANNES. Je t'ai dit que je ne riais pas. Je ne suis pas en état de manier une épée, mais j'aurai toujours la force de descendre dans le parc, et de tenir un pistolet. C'est donc convenu; dans deux heures.

LUGEAC. Je ne me battrai certainement pas sans savoir pourquoi.

CHAVANNES. Tu persistes dans ton insolente raillerie !

LUGEAC, riant. C'est trop fort! Voyons, qu'ai-je donc fait hier ?

CHAVANNES. Une lâcheté!

LUGEAC. Chavannes!

CHAVANNES. Et aujourd'hui une seconde, si tu n'est pas ici dans deux heures avec des armes.

LUGEAC. C'est bien ! dans deux heures.

CHAVANNES. Je t'attends.

ENSEMBLE.

Air : De la Trompette guerrière.

LUGEAC.

Soit erreur ou démence,
Il faut dans un moment,
Qu'une telle insolence
Trouve son châtiment.

CHAVANNES.

Vois mon impatience,
Je veux, dans un moment,
Qu'ne telle impudence
Trouve son châtiment.

SCÈNE VIII·

LES MÊMES, LA MARQUISE.

LA MARQUISE. En vérité, Messieurs, on serait tenté de croire qu'il y a une dispute ici (1).

CHAVANNES. Au contraire, Madame.

LUGEAC. Au contraire, Madame, nous allons nous battre.

LA MARQUISE. Vous battre ! Et pourquoi ?

LUGEAC. Le motif, Chavannes daignera peut-être vous l'apprendre à vous, Madame. Quant à moi, je l'ignore complètement.

LA MARQUISE. C'est une plaisanterie !...

CHAVANNES. Que Monsieur veut faire, et que je suis fort peu disposé à tolérer.

LUGEAC. Ah ! la plaisanterie vient de moi !... comme tu voudras. Je vous salue, Madame. (Bas.) Je me rends toujours chez Madame de Sailly.

LA MARQUISE, bas. Moi, je vais savoir la cause de cette provocation, qui, je vous le certifie, n'aura pas de suites (2).

CHAVANNES, à lui-même. Ils se parlent bas!

ENSEMBLE.

Air : Oui, c'est là mon secret. (Gentil-Bernard.)

LUGEAC.

Je pars, puisqu'il le faut,
Et reviens bientôt,
Par un juste combat
Finir ce débat.
Alors, sur le terrain,
Les armes à la main,
Cher Marquis, on verra,
Qui l'emportera.

(Il sort.)

(1) Chavannes, la Marquise, Lugeac.
(2) Chavannes, Lugeac, la Marquise.

CHAVANNES.

Pars donc, car il le faut,
Et reviens bientôt,
Par un juste combat
Finir ce débat.
Alors, sur le terrain,
Les armes à la main,
Mon cher comte, on verra
Qui l'emportera.

LA MARQUISE.

Moi, je vais, il le faut,
Terminer bientôt,
Sans le moindre combat
Ce fâcheux débat.
Que j'y mette la main,
Le succès est certain,
Sans tarder, l'on verra
Qui l'emportera.

SCÈNE IX·

CHAVANNES, LA MARQUISE.

LA MARQUISE. J'ai à vous parler, Marquis.

CHAVANNES. Je vous demanderai la permission de commencer.

LA MARQUISE. Vous avez aussi quelque chose à me dire ?

CHAVANNES. Oui, Madame.

LA MARQUISE. C'est que moi, ce sont des reproches que je veux vous faire.

CHAVANNES. Mais, Madame, ce ne sont pas des compliments que je veux vous adresser.

LA MARQUISE. Quel langage ! En ce cas, je tiens plus encore à parler la première.

CHAVANNES. Parce que ?

LA MARQUISE. Parce que la confusion d'être grondé comme vous allez l'être, vous empêchera peut-être de me gronder à votre tour.

CHAVANNES. Je ne pense pas. Enfin, je vous écoute.

LA MARQUISE. Vous vous êtes absenté hier soir. Où êtes-vous allé ?

CHAVANNES. Vous n'êtes rentrée qu'une heure après moi ; je ne vous demande pas où vous êtes allée.

LA MARQUISE. Pauvre défaite !... Passons. Lorsque je rentre la dernière, je vous trouve d'ordinaire dans ma chambre ; où si vous êtes dans la vôtre, la porte ne m'en est jamais défendue. Pourquoi hier soir n'étiez-vous pas dans ma chambre ?... Pourquoi votre porte m'a-t-elle été défendue ?

CHAVANNES, à part. Je ne pouvais pas me tenir. (Haut). Parce que je n'étais pas en état de vous recevoir. (1).

LA MARQUISE. Ce sont là des réponses évasives... Enfin, passons encore... (Prenant doucement le bras de son mari.) Mais ce matin, lorsqu'à peine éveillée, remplie d'inquiétude, j'ai voulu me glisser près de vous, pourquoi cette inexorable consigne qui m'a encore interdit votre porte ?

CHAVANNES, impatienté. Parce que je n'étais pas en état de vous recevoir.

(1) La Marquise, Chavannes.

LA MARQUISE, lui secouant le bras. Mais, Monsieur...

CHAVANNES. Vous me faites mal, Madame.

LA MARQUISE. Quel horrible caractère ! Oh ! tenez, vous me cachez quelque chose ; vous qui savez combien j'aime la franchise.

AIR : De l'Héritière.

Si vous avez commis un crime,
Sachez du moins m'intéresser ;
Jugez-moi noble et magnanime,
Et sans crainte de me blesser,
Venez à moi vous confesser.
Car tout péché peut se remettre,
Et nous aurons su nous donner,
Vous, le plaisir de le commettre,
Moi, celui de le pardonner.

CHAVANNES. Mon Dieu, Madame, c'est fort adroit de me placer sur la sellette, pour éviter de vous y trouver vous-même ; mais, je vous le répète, je n'ai commis aucun crime ; j'étais malade quand je suis rentré hier, je l'étais encore ce matin, et, en vous fermant ma porte, je n'ai voulu que vous épargner une société maussade et ennuyeuse. Maintenant, c'est à moi de vous interroger.

LA MARQUISE. Voilà de la concision. Je tâcherai d'en mettre autant dans mes réponses.

CHAVANNES. Hier, où avez-vous passé la soirée ?

LA MARQUISE. Il n'y a qu'un instant, vous vous vantiez de ne me demander compte de mon absence ; soyez donc conséquent avec vous-même.

CHAVANNES. Si vous appelez cela des réponses... Enfin, passons... Pourquoi avez-vous reçu ce matin Monsieur de Lugeac dans votre appartement ?

LA MARQUISE. Parce que n'étant pas malade, je n'ai pas craint qu'il trouvât ma société maussade et ennuyeuse.

CHAVANNES. Mais enfin que voulait-il ?

LA MARQUISE. Me demander un service.

CHAVANNES. Il vous en demande bien souvent.

LA MARQUISE. Parce que je le refuse bien rarement.

CHAVANNES. Eh ! Madame !...

LA MARQUISE, riant. Ah ! ah ! ah !... voilà donc ce fameux sujet de reproche !... Vous êtes jaloux !... C'est-à-dire que les maris ne changeront jamais ! que leur devise sera toutoujours : « Voir ce qui n'est pas, ne pas voir ce qui est. » Monsieur de Martinville rit à gorge déployée des aventures galantes du duc de Richelieu... sans s'apercevoir que sa femme en est la principale héroïne. Monsieur de Sainte-Hélène va jusqu'en Amérique vanter les vertus de son épouse... qui étale à Paris le prix luxueux de ses volages faveurs. Monsieur d'Étioles accepte avec reconnaissance, de Louis XV, les bois d'un cerf tué de ses royales mains ; il place dans son salon ce cadeau précieux... qui n'est même plus un présage, mais bien un souvenir de la réalité. Les Tournelle, les Vintimille, les Lauraguais, les Poplinières et tant d'autres vont partout prônant la grandeur de Louis le Bien-aimé... le Bien-aimé !... par qui?.. par le peuple?... Eh non ! par leurs femmes...

Vous seul, Monsieur, vous seul, peut-être, avez mis la main sur une femme qui n'est pas de son siècle, et vous seul la soupçonnez !... En vérité, je finirai par me croire trop arriérée ; je finirai par me mettre à la hauteur de mes galantes contemporaines.

CHAVANNES. Certainement... je ne dis pas... mais vous devez comprendre que plus est corrompue l'époque où nous vivons, plus sont légitimes nos craintes et nos soupçons.

LA MARQUISE. Pourquoi cela ? Certes, Messieurs, si vos femmes ne sont pas cruelles, vous n'êtes, à votre tour, guère scrupuleu... Eh bien ! je devrais donc être jalouse aussi, moi ? Je ne le suis pas ; j'ai confiance en vous.

CHAVANNES, lui tendant la main. Pardonne-moi ; tiens.

LA MARQUISE, lui saisissant la main. A la bonne heure !

CHAVANNES, vivement. Aïe !... tu me fais mal.

LA MARQUISE. Encore ?... qu'as-tu donc au bras ?

CHAVANNES. Rien... c'est... dans l'escalier... Assieds-toi. (Elle va pour s'asseoir près de lui sur le canapé. L'arrêtant.) Prends garde à mon épée.

LA MARQUISE, à part, en prenant l'épée pour la mettre dans le coin de la cheminée. Passons à la question du duel... (Elle s'aperçoit que le bout est brisé.) Ah !

CHAVANNES. Quoi donc ?

LA MARQUISE. Cette épée...

CHAVANNES. Ah ! oui... c'est... dans l'escalier...

LA MARQUISE. Ah ! c'est dans l'escalier !... (A part.) C'était lui !... le traître !... Eh bien ! oui, mais les coups de bâton, c'était aussi... Le pauvre homme !

CHAVANNES. Eh bien, tu ne t'assieds pas ?

LA MARQUISE, s'asseyant près de lui. Si, si... tu ne te sens pas mal ?

CHAVANNES. Du tout. (La prenant dans ses bras.) Tu ne m'en veux pas de mes injustes craintes ?... Je t'aime tant !

LA MARQUISE, à part. Le perfide !... Oh ! je me vengerai, mais plus tard. (Haut.) Il faut te soigner, dis donc.

CHAVANNES. Ce n'est rien... Si tu savais comme j'ai souffert cette nuit !

LA MARQUISE. Tu as souffert !... (A part.) Quel brutal que ce Finot !

CHAVANNES. Oui, de ne pas t'avoir à mes côtés.

LA MARQUISE.
AIR : De la Niaise de Saint-Flour.
Avais-tu du moins de la fleur d'orange ?

CHAVANNES.
Du tout, mais vois-tu, j'étais affecté
D'être loin de toi, ma femme, mon ange.

LA MARQUISE.
Il fallait alors le faire du thé.

CHAVANNES.
De voler à toi, vingt fois j'eus l'envie.

LA MARQUISE.
Et le vulnéraire était-il chez toi ?

CHAVANNES.
Je parle tendresse, et toi... pharmacie.

LA MARQUISE.
Ah ! c'est que je t'aime !

CHAVANNES.
Ah ! pas plus que moi !

LA MARQUISE.

O mon Raoul !

CHAVANNES.

O mon Hortense !

ENSEMBLE.

CHAVANNES.

Quand je jure à tes pieds de n'avoir qu'un amour,
Crois à mes serments, crois à ma constance;
Ma tendresse est encor comme à son premier jour.

LA MARQUISE.

Dois-je croire en effet que tu n'as qu'un amour?
Dois-je en tes serments avoir confiance?
Ton cœur est-il vraiment comme à son premier jour?

(Ils s'embrassent.)

SCÈNE X.

LES MÊMES, FINOT (1).

FINOT, les apercevant. Tiens, Monsieur va mieux !

LA MARQUISE, à part. Toujours dérangés !... et sans avoir parlé de ce duel !

CHAVANNES. Te voilà de retour. La réponse ? (2).

FINOT. La voici. (Il lui remet une lettre.)

LA MARQUISE. Quelle réponse ?

FINOT (3). Une réponse que Monsieur attendait avec impatience, parce que...

CHAVANNES. Vas-tu te taire.

FINOT. Oui, Monsieur,

LA MARQUISE, bas. Tu me diras tout,

FINOT, de même. Oui, Madame.

CHAVANNES, parcourant l'écrit. Par exemple, voilà une singulière réponse que Monsieur de Sartines me fait là. Je lui adresse une demande sérieuse, il me renvoie une détestable plaisanterie. Au fait, ce serait original. Mais qui donc se déciderait à une pareille position?... Allons, en dépit de la Bastille, il faudra en revenir aux pistolets. (A Finot.) Toutefois porte sur-le-champ cette réponse à M. de Lugeac, et dis-lui que j'attends sa décision. (A sa femme.) Pardon, Hortense, une affaire importante... Je vous reverrai à dîner.

LA MARQUISE (4). Mais ce duel ?

CHAVANNES. Soyez sans crainte,

LA MARQUISE. Ménagez-vous, je vous en prie... surtout si vous repassez... par... l'escalier. Vous savez?

CHAVANNES. Oui, oui. (A Finot.) Eh bien, tu n'es pas parti.

FINOT. Si, Monsieur. (Fausse sortie ; Chavannes rentre dans son appartement.)

SCÈNE XI.

LA MARQUISE, FINOT.

LA MARQUISE. Finot, donne-moi cette lettre.

FINOT. Mais... Monsieur le marquis...

LA MARQUISE. Donne, te dis-je. (Lisant.)

(1) Finot, la marquise, Chavannes.
(2) Finot, Chavannes, la marquise.
(3) Chavannes, Finot, la marquise.
(4) Chavannes, la Marquise, Finot.

« Tout en reconnaissant la gravité de l'affront
» que vous avez reçu, je ne puis répondre à
» votre demande par une autorisation qui m'at-
» tirerait chaque jour de nouvelles pétitions de
» ce genre, car les mauvaises têtes sont nom-
» breuses à la cour. Tout ce que je peux pour
» vous faire justice, c'est d'ordonner l'arresta-
» tion de votre agresseur, quel qu'il soit, à
» moins cependant qu'il préfère se présenter
» chez vous avec un bâton, pour que vous lui
» rendiez ce qu'il n'aurait pas dû vous donner. »
(Elle rit.) C'était bien lui.

FINOT. Oui, Madame, c'était Monsieur que j'arrangeais de la sorte.

LA MARQUISE. Et tu lui as déclaré avoir agi...

FINOT. Par l'ordre de Monsieur de Lugeac.

LA MARQUISE. Et mon mari l'a cru ?...

FINOT. Ce n'est donc pas vrai ?

LA MARQUISE. Si, mais... (A elle-même.) Plus de doute, de là vient cette provocation. Mais le comte n'accepterait jamais une condition aussi dérisoire, et le duel aurait lieu certainement. Cela ne sera pas : j'ai fait le mal, je dois le réparer. (A Finot.) Finot, dans quelques minutes, vous viendrez dans ma chambre ; j'aurai des ordres à vous donner (1). (En s'en allant.) Oh ! non, non! Raoul ne se battra pas. (Elle sort.)

SCÈNE XII.

FINOT, seul.

FINOT. Alors, je n'ai plus de lettre à porter ; j'aime autant cela. (Il s'étend sur le canapé.) A vrai dire, je ne démêle pas bien ce qui se passe ici pour le moment: l'étonnement de M. de Lugeac, quand je lui ai parlé de l'affaire d'hier au soir ; l'embarras de Madame quand j'ai relevé le mot qui lui a échappé: « Et mon mari l'a cru ! »—(Se levant.) Comme je te vous lui ai sauté sur ce mot-là !... Ça n'est donc pas vrai ?...— « Si, mais... » — Ça n'était pas vrai, et je vois clair à présent : Monsieur de Lugeac n'est pour rien dans tout cela, et les coups de bâton sont pour le compte de Madame... Parbleu, c'est évident : Monsieur avait déjà tiré son canif de sa poche; il allait l'introduire dans son contrat de mariage, et alors, la jalousie... l'amour...

AIR : De l'Anonyme.

Quand on aim' bien, on bat bien, dit l'adage,
Connu partout, chez l' peupl' comme à la cour ;
Or, la façon de se battre en ménage,
Pourrait s'app'ler : l' thermomètr' de l'amour,
Mam' la Marquis', d'après un tel système,
Jusqu'aux fièvr's chaud's doit chérir son époux.
Mais moi, si j' prends jamais un' femm' qui m'aime,
J' veux un amour de quelqu's degrés au d'ssous.

Oh ! voilà Monsieur. Évitons-le, et voyons ce que Madame peut me vouloir. (Il sort.)

SCÈNE XIII.

CHAVANNES, en habit.

CHAVANNES. Me voici prêt à descendre dans

(1) Finot, la Marquise.

le parc, car je doute fort que Lugeac adopte le moyen de conciliation offert par Monsieur le lieutenant de police. Eh mon Dieu, ce ne serait qu'un moment d'amour-propre à sacrifier, car il va sans dire que je n'userais pas de mon droit; je serais plus embarrassé que lui. D'ailleurs, je ne lui en veux plus ; maintenant que je suis complètement rassuré sur le compte de ma femme, le moral va mieux, et, tudieu! je crois que le physique s'en ressent; je me trouve tout gaillard. Allons, allons, que Lugeac aime en paix Madame de Sailly ; je netiens pas assez à cette farouche beauté pour compromettre davantage le repos de mon âme et la santé de mon corps.

SCÈNE XIV.

CHAVANNES, FINOT.

FINOT. Monsieur, il y a là quelqu'un qui demande à vous parler.

CHAVANNES. Qui donc ?

FINOT. La personne qui vous a fait donner la... (Il fait le geste de la bastonnade.)

CHAVANNES. Eh ! que ne le nommes-tu de suite !... Avec des pistolets ?

FINOT. Sans pistolets.

CHAVANNES. J'ai prévenu que j'étais incapable de manier une épée.

FINOT. La personne n'a pas non plus d'épée.

CHAVANNES. Vraiment ! c'est donc ?... Je ne l'aurais pas cru, mais ma foi, je le préfère; fais entrer.

FINOT, à la cantonnade. Entrez.

CHAVANNES (1). Je n'ose pas le regarder avec son bâton... J'ai peur de lui rire au nez.

SCÈNE XV.

FINOT, LA MARQUISE, CHAVANNES.

(La Marquise est en toilette, avec une mantille et un voile.)

ENSEMBLE.

Air : De la Comtesse de Sennecy. (2ᵉ acte.).

CHAVANNES.

Nous voilà seuls ensemble,
Mais quand il vient vers moi,
D'où vient donc que je tremble,
D'où vient donc mon effroi ?

LA MARQUISE.

Nous voilà seuls ensemble,
Mais je ne sais pourquoi,
Auprès de lui je tremble
D'un invincible effroi.

FINOT.

Les voilà seuls ensemble,
Et l'on dirait, ma foi,
Que déjà chacun tremble,
De surprise ou d'effroi.

(Finot sort en riant sous cape.)

(1) Finot, Chavannes.

SCÈNE XVI.

LA MARQUISE, CHAVANNES.

CHAVANNES, sans se retourner. Il paraît que vous avez pris le parti le plus sage... que vous êtes venu sans autres armes?...

LA MARQUISE, tirant un bâton de dessous sa mantille. Qu'un bâton, oui, Monsieur.

CHAVANNES, se retournant vivement. Une femme... Pardon, Madame, mais l'on m'avait annoncé...

LA MARQUISE. L'auteur de votre accident, c'est moi, Monsieur.

CHAVANNES. Vous ! On m'avait assuré que Monsieur de Lugeac...

LA MARQUISE. C'est faux. Monsieur de Lugeac n'a rien fait, et il ignore encore pour quel motif vous l'avez provoqué ce matin.

CHAVANNES. Pourrai-je du moins, Madame, savoir quel intérêt vous a poussée à une telle violence ?

LA MARQUISE. Vous me permettez de m'asseoir... (1) (Lui présentant le bâton.) Si cependant vous voulez commencer par user de vos droits...

CHAVANNES, la débarrassant du bâton. Oh !... quand bien même vous ne vous disculperiez pas, il est d'autres vengeances à ma disposition.

LA MARQUISE, assise. Vous êtes bien inconstant, Monsieur le marquis !... Je dirai plus, vous êtes bien ingrat!

CHAVANNES. Quel début ! Me serais-je rendu coupable envers vous de ces deux horribles péchés ?

LA MARQUISE. Et de bien d'autres!

CHAVANNES, à part. Quelque passion que j'aurai oubliée, et dont la jalousie a voulu rafraîchir ma mémoire... Le diable soit d'elle !... Mais comment a-t-elle su la réponse du lieutenant de police. (S'asseyant près du canapé.) Je vous ai donc aimée?

LA MARQUISE. Vous me l'avez dit.

CHAVANNES. J'ai dû dire vrai.

LA MARQUISE. Vous me le dites même encore quelquefois.

CHAVANNES. Oh ! pour cela, j'en doute : je ne faisais qu'une infidélité à ma femme... et encore, infidélité à l'état de projet.

LA MARQUISE. Bien vrai ?

CHAVANNES. Tellement vrai que je renonce même à mes intentions sur... la personne.

LA MARQUISE. Sérieusement?... Tout est rompu ?

CHAVANNES. Oui... tout est rompu... depuis que je l'ai été... C'est prosaïque, mais j'immole mon cœur à mes reins.

LA MARQUISE, à part. A la bonne heure! (Haut.) Vous voyez donc bien que ma conduite ne mérite aucun reproche, puisqu'elle vous rend à votre femme.

CHAVANNES. Mais... hypocrite que vous êtes, ce n'est pas pour ma femme que vous avez ainsi travaillé !... (Quittant sa chaise pour s'asseoir sur le canapé, près de la marquise.) Ah ! ça, voyons, qui êtes-vous ?

LA MARQUISE. Devinez.

(1) Chavannes, la Marquise.

CHAVANNES. Que voulez-vous que je devine? vous vous affublez d'un voile de douairière ; vous changez votre voix comme les dominos d'opéra...

LA MARQUISE. Essayez toujours... à vaincre sans péril...

CHAVANNES. C'est juste... Voyons... Je vous ai aimée, dites-vous...

LA MARQUISE. Oui.

CHAVANNES. Ce n'est pas un indice, ça. Et vous, m'aimiez-vous ?

LA MARQUISE. Mille fois plus.

CHAVANNES. Tant que ça!

LA MARQUISE. Au moins.

CHAVANNES. C'est possible.

LA MARQUISE. Fat.

CHAVANNES. C'est vrai... Si je vous nomme, je gage nommer juste.

LA MARQUISE. Cent louis que vous vous trompez.

CHAVANNES. En combien de coups ?

LA MARQUISE. Cinq... A moins que vous n'ayez pas cinq noms à votre disposition...

CHAVANNES. Méchante !... Donnez-le moi en soixante ; j'aurai encore des noms de reste.

LA MARQUISE, à part. Touchante confession!... heureux privilége de l'incognito !... (Haut.) Je m'en tiens à cinq... Allons, Monsieur.

CHAVANNES. Madame d'Egmont ?

LA MARQUISE, comptant à mesure sur ses doigts. Non.

CHAVANNES. Mademoiselle de Malignan ?

LA MARQUISE, à part. Tiens, tiens... (Haut.) Non plus.

CHAVANNE. La Defresne, peut-être ?

LA MARQUISE, à part. Honorable rivalité ! (Haut.) Les peut-être comptent tout de même, Monsieur. Cela fait trois.

CHAVANNES Diable !... Mais... pardon, j'avais oublié : ma liste se compose de deux colonnes : demoiselles et dames... dans laquelle dois-je... fouiller ?

LA MARQUISE. De nouvelles conditions !... Mauvais signe pour vous, marquis... Enfin, je n'étais pas mariée quand vous m'avez aimée ?

CHAVANNES. Et vous l'êtes maintenant ; j'y suis : Madame de Prie. (Il se lève.)

LA MARQUISE. Vous n'y êtes pas. Prenez-garde ! je n'ai plus qu'un doigt.

CHAVANNES. Vous jouez franchement, au moins.

LA MARQUISE. Vous le verrez bien... Mais jugez, en passant, des avantages de la sagesse. Si vous n'aviez été que cinq fois amoureux, vous gagniez cent louis de la main à la main.

CHAVANNES. Ma foi, j'ai presque envie d'annuler la gageure.

LA MARQUISE, se levant. Je m'y oppose !

CHAVANNES. C'est que je m'y perds, et si vous ne m'aidez pas un peu...

LA MARQUISE. Bien ! voilà que vous demandez du renfort à l'ennemi... (1) Et comment voulez-vous que je vous aide ?

CHAVANNES. Tenez... j'ai remarqué que les baisers de femme ont presque tous une nature différente, un caractère particulier ; et si vous m'embrassiez, je crois bien que je ne m'y tromperais pas.

(1) La Marquise, Chavannes.

LA MARQUISE. Vraiment !... mais pour cela, il faudrait lever mon voile, et alors...

CHAVANNES. Je fermerai les yeux.

LA MARQUISE. Oh ! je n'aurais pas confiance.

AIR : Restez, troupe jolie.

Pensez-vous qu'ainsi l'on m'abuse ?
Vous tricheriez.

CHAVANNES.

　　N'en croyez rien ;
D'ailleurs, pour déjouer la ruse,
Vous pourriez user d'un moyen
Qui vous réussirait fort bien
De vous regarder, sur mon âme,
Je n'aurais jamais le désir,
Si vos lèvres daignaient, Madame, _Bis._
Empêcher mes yeux de s'ouvrir.

LA MARQUISE, se dégageant de Chavannes qui s'est assis et veut l'attirer vers lui. Ah! M. le marquis... Quand vous faites la donne, vous vous réservez beau jeu. N'importe, au risque de m'en repentir, je me fie à votre loyauté. (Chavannes ferme les yeux ; la marquise lève son voile ; puis, avant de se décider, semble se raviser et met les deux mains devant les yeux de Chavannes.

CHAVANNES. Ah! bien !... Vous vous fiez à ma loyauté, mais... (La Marquise l'embrasse et se recache vivement la figure). Oh ! ma toute belle, tu as perdu!.. Tu es la petite d'Eslignac. (Il s'est levé).

LA MARQUISE, se montrant. Vous me devez cent louis, Monsieur.

CHAVANNES. Ma femme !

LA MARQUISE. Vous auriez besoin de quelques leçons de perspicacité ; vous êtes trop facile à tromper ; prenez-garde! c'est dangereux pour un mari.

CHAVANNES. Mais, Madame, dans quel but?

LA MARQUISE. Ah ! je vous conseille encore de parler haut ! Qui donc de nous deux doit élever la voix ? Qui de nous deux doit demander vengeance et faire usage de... (Montrant le bâton.) cette arme.. Est-ce vous !... ou moi ?

CHAVANNES. Je crois plus sage que ce ne soit ni l'un ni l'autre.

LA MARQUISE. Ah! Madame d'Egmont! ah! Mademoiselle de Malignan... Madame de Prie...

CHAVANNES. Je me vantais... c'était pour vous laisser gagner... Je suis très bon joueur...

LA MARQUISE. Mais mauvais menteur, ainsi, taisez-vous. Serez-vous corrigé du moins ?

CHAVANNES, se tâtant le bras et les reins. Vous le demandez ?

LA MARQUISE. Oh ! mais moralement je veux dire.

CHAVANNES, lui tendant les bras. Je t'aime plus que jamais. (Ils s'embrassent).

SCÈNE XVII.
LA MARQUISE, LUGEAC, CHAVANNES, FINOT.

FINOT, en entrant, à lui-même. Dieu, comme Monsieur va mieux ! (Annonçant) : Monsieur de Lugeac!

LUGEAC, paraissant avec une boîte de pistolets.

Quand Monsieur de Chavannes le voudra (1), je suis à ses ordres.

CHAVANNES, *prenant sa boîte à pistolets et la remettant à Finot.* Tu entends Finot, un couvert de plus.

LUGEAC. Comment !

CHAVANNES, *à Lugeac.* Ne viens-tu pas dîner avec nous !

LUGEAC. Ah ! à la bonne heure donc. Et m'expliqueras-tu ton caprice de ce matin ?

CHAVANNES, Parbleu ! c'était moi qui étais... et je croyais que c'était toi qui avais... tandis que c'était elle...

FINOT. C'est clair.

LUGEAC. C'est clair... pas pour moi.

LA MARQUISE, *montrant le bâton.* C'était mon mari que je punissais avant de le savoir coupable; je me suis vengée par anticipation.

LUGEAC, *à Chavannes.* Bah ! tu étais mon rival ?

CHAVANNES. Dam !... Ce n'était donc pas positivement à moi qu'on destinait...

LA MARQUISE. Du tout... c'était à l'inoffensif courtisan de Madame de Sailly, quel qu'il fût... Mais Dieu est juste (2), il n'a pas voulu que je frappe un innocent.

LUGEAC. Du reste, je ne t'en veux pas, car, ne t'en déplaise, je t'ai supplanté : le mois prochain, j'épouse la baronne. (A la marquise.) Et le mois prochain, Madame, votre frère aura quitté la Bastille. Service pour service.

CHAVANNES. Je m'explique maintenant vos mystérieuses conférences. Eh bien ! voyez un peu : Pour toi, Lugeac, une union qui cou-

(1) La Marquise, Lugeac, Chavannes, Finot.

(2) Lugeac, la marquise, Chavannes, Finot.

ronne ton amour; pour nous, la paix revenue dans le ménage; pour mon beau-frère, la liberté...

FINOT. Et pour moi, Monsieur ?

CHAVANNES. C'est juste, il va falloir que je te pardonne aussi, toi.

FINOT. Dam, Monsieur, qu'est-ce que vous pouvez me reprocher ?... d'avoir mis trop de conscience à exécuter les ordres de Madame.

CHAVANNES, *à sa femme.* Tu vois, tu vois; il va me prouver que je lui dois plutôt une récompense qu'un châtiment.

FINOT. C'est positif.

CHAVANNES. Ah ! allons, puisque c'est positif, tes gages sont doublés, maroufle!

LA MARQUISE. Nous voilà tous convaincus aujourd'hui que le bonheur peut venir parfois... à coups de bâton.

CHOEUR.

AIR :

Point de regrets, d'humeur chagrine :
Oublions tout, car je soutiens,
Qu'avec la rose, il faut l'épine,
Qui veut la fin, veut les moyens.

LA MARQUISE, *au public.*

AIR : De Lauzun.

Mon cher époux profitera
De la leçon qu'il a reçue,
Et des coups se consolera
En voyant leur heureuse issue...
... Ici, je crains d'autres périls,
Mais... puis-je user de mon système ?...
Mes coups de bâton pourront-ils
Près de vous réussir de même;
Nos coups de bâton puissent-ils
Près de vous réussir de même !

ARTICLE [illegible]

[illegible] DES PRIX DE VENTE [illegible]

	Fr. c.
La Pièce ou le Mètre [illegible]	
[illegible]	
[illegible]	
[illegible]	
[illegible]	
[illegible]	
[illegible]	
[illegible]	
[illegible]	
[illegible]	
[illegible]	
[illegible]	
[illegible]	
[illegible]	
[illegible]	
[illegible]	

www.ingramcontent.com/pod-product-compliance
Lightning Source LLC
Chambersburg PA
CBHW050735070726
47597CB00009B/3938